金陵岁时记

（民国）潘宗鼎 撰

岁华忆语

（民国）夏仁虎 撰

点校 卢海鸣

南京出版传媒集团
南京出版社

图书在版编目（CIP）数据

金陵岁时记 / 潘宗鼎撰 . 岁华忆语 / 夏仁虎撰 . --
南京：南京出版社，2024.6
（南京文献精编）
ISBN 978-7-5533-4680-9

Ⅰ . ①金… ②岁… Ⅱ . ①潘… ②夏… Ⅲ . ①岁时节
令－风俗习惯－南京 Ⅳ . ① K892.18

中国国家版本馆 CIP 数据核字（2024）第 053346 号

总 策 划　卢海鸣

丛 书 名　南京文献精编
书　　名　金陵岁时记·岁华忆语
作　　者　（民国）潘宗鼎　　（民国）夏仁虎
出版发行　南京出版传媒集团
　　　　　南 京 出 版 社
　　社址：南京市太平门街 53 号　　　　　邮编：210016
　　网址：http://www.njcbs.cn　　　　　电子信箱：njcbs1988@163.com
　　联系电话：025-83283893、83283864（营销）　025-83112257（编务）

出 版 人　项晓宁
出 品 人　卢海鸣
责任编辑　朱天乐
装帧设计　王　俊
责任印制　杨福彬

排　　版　南京新华丰制版有限公司
印　　刷　南京新洲印刷有限公司
开　　本　890 毫米 ×1240 毫米　　1/32
印　　张　3.125
字　　数　114 千
版　　次　2024 年 6 月第 1 版
印　　次　2024 年 6 月第 1 次印刷
书　　号　ISBN 978-7-5533-4680-9
定　　价　40.00 元

用微信或京东
APP扫码购书

用淘宝APP
扫码购书

总　序

　　南京是我国著名古都，有近 2500 年的有文献记载的建城史、约 450 年的建都史，素有"六朝古都""十朝都会"之誉。南京也是文化繁盛之地，千百年来，流传下来大量的地方文献，题材多样，内容丰富，这些文献是研究南京政治、经济、军事、文化、科技、外交和民风民俗的重要资料，是中华优秀传统文化的重要组成部分。做好历史文献的整理出版工作，深度挖掘传统文化资源，不仅有利于传承、弘扬南京历史文化，提升南京美誉度，扩大南京影响力，也有利于推动物质文明、政治文明、精神文明、社会文明和生态文明协调发展。

　　长期以来，大量的南京珍贵文献散落在全国各地的图书馆和民间，许多珍贵的南京文献被束之高阁，无人问津，有的随着岁月的流逝而湮没无闻。广大读者想要查找阅读这些散见的地方文献，费时费力，十分不便。为继承和弘扬好这一祖先留给我们的宝贵文化遗产，从 2006 年开始，南京出版社与南京市地方志编纂委员会办公室等单位通力合作，组织专家学者搜集南京历史上稀有的文献，将其整理出版，形成"南京稀见文献丛刊"。"南京文献精编"

就是从"南京稀见文献丛刊"中精心挑选而成,题材包括诗文、史志、实录、书信、游记、报告等,内容涵盖历史、地理、政治、经济、军事、文化、教育、宗教、民俗、陵墓、城市规划等方面,全方位、多视角地展示了南京文化的深层内涵和丰富魅力。

"睹乔木而思故家,考文献而爱旧邦。"我们希望通过这套"南京文献精编"丛书的出版,满足人民群众多层次、多方面、多样化阅读需求,打造代表新时代研究水平的高质量南京基础古籍版本,为推进中国式现代化南京新实践提供精神动力。

"南京文献精编"编委会

导　读

　　民俗是一个国家和民族文化精神的体现。民俗文化的内容丰富多彩，既包含基本的衣、食、住、行，又包含婚、丧、嫁、娶以及节庆、娱乐、信仰等方面。

　　岁时民俗是民俗文化的重要组成部分。所谓"岁"即为"年"，而"时"则指"季节"，"岁时"指的是一年四季的整个周期。在我国历史上，岁时民俗方面的专著很多，仅流传下来的就有梁朝宗懔《荆楚岁时记》，唐朝韩鄂《岁华纪丽》，北宋孟元老《东京梦华录》，南宋吴自牧《梦粱录》、周密《武林旧事》、陈元靓《岁时广记》，明朝刘侗、于奕正《帝京景物略》，清朝潘荣升《帝京岁时记胜》、富察敦崇《燕京岁时记》、袁景澜《吴郡岁华纪丽》等，专门记载南京民俗的有《金陵岁时记》和《岁华忆语》。

　　翻开《金陵岁时记》和《岁华忆语》这两部作品，扑面而来的是浓郁的民俗文化气息和深厚的民族文化精神。

一

　　《金陵岁时记》作者自署"江宁姜灵潘宗鼎辑"，扉页王东培（孝煃）先生题签"姜灵先生著"。潘宗鼎，江宁（今南京）人。字禹久，号姜灵。在原书前有潘宗鼎照片一幅，并有其老师吴鸣麒所写的"姜灵大弟像赞"，其中写道："江宁姜灵，存意谐声。惟姜性辣，惟灵学成。"以"姜灵"名，以示不忘"江宁"之意也。又因好蓄须髯，人称"髯翁"。

潘宗鼎生于1870年，1930年代中期去世。祖籍苏州元和，父潘志刚，母江氏。潘宗鼎出身于书香门第，兄弟姐妹6人。自幼资质聪颖，年十五习文，师从南京籍举人吴鸣麒，品学俱纯，后授廪生，入尊经书院，同学有仇埰、孙濬源、石凌汉等。此后，潘宗鼎以诸生考取小学校长，校舍在南京中华门西仓顶惜善堂。曾言："余在仓顶上，日日见三山二水之胜，此至可乐。"遂与同学孙濬源在凤凰台觅得一地，拟在此筑屋以居。民国三年（1914），潘宗鼎宦游赣南，充当赣南道尹幕僚，长达十余年之久。至民国十五年（1926）辞归故里，略有积蓄，遂与孙濬源在凤凰台筑屋，比邻而居，孙濬源宅第在北半边，潘宗鼎宅第在南半边，中隔一墙，有门可通。潘宗鼎给自己的宅第取名为"凤台山馆"，大门有联云："闭门种菜；隐居放言。"表达了潘宗鼎归隐田园、以读书著述终老的意愿。潘宗鼎为人"幽默合道"，家中常常是高朋满座。每逢胜日，友人门在"凤台山馆"诗酒唱和，畅叙幽怀，一觞一咏，乐而忘忧。潘宗鼎一生著述颇丰，除《金陵岁时记》外，还有《扫叶楼集》《古林寺志》《凤台山馆骈散体文存》《凤台山馆题咏录》《鹤唳集》《续琼花集》

《莱舍随笔》《马经》《金陵洪杨劫灰录》《金陵识小录》《关岳合祀序赞》《治谱》等。

潘宗鼎生活在清末民国，正处于中国社会大变革大转型时期，该书记载的许多南京民俗在朝代更替中已经成为历史的记忆。潘宗鼎癸亥上元节（1923年正月十五元宵节）在赣南道官廨为该书撰写的《自序》中写道："即此一编，记于光绪之季，证以父老之谈，已觉见不逮闻，十未得一。洎乎民国，改用阳历，未免夏时既易，汉腊谁知……"作者有感于南京民俗时过境迁，在为官江西期间编成该书。

《金陵岁时记》于1923年成稿后并未立即刻印，直到潘宗鼎回到南京后，才将该书列入以自己宅第命名的"凤台山馆"丛书中，于民国十八年（1929）付梓。本书根据南京图书馆收藏的初版本点校。

二

《岁华忆语》作者自署"钟山旧民枝翁手编"。枝翁就是夏仁虎。夏仁虎（1874—1963），南京人，字蔚如，号啸庵、枝巢、枝翁、枝叟、枝巢子、枝巢盲叟等。他兄弟五人，即夏仁溥、夏仁澍、夏仁沂、夏仁虎、夏仁师，夏仁虎排行老四，乡人称其为"夏四先生"。夏仁虎自幼聪慧，在兄弟五人中，以他的学问事业最为突出。清朝戊戌（1898）变法那年，25岁的夏仁虎以拔贡身份到北京参加殿试朝考，成绩优秀，遂定居北京，开始了他整整30年的官宦生涯。他是晚清的秀才、拔贡、举人，刑部、商部、邮传部的小京官。辛亥革命后，他先后在民国北洋政府交通部、财政部为官，并成为国会议员。张作霖入关后，夏仁虎先后担任国务院的政务处长、财政部次长、代理总长和国务院秘书长。1927年北伐战争爆发后，北洋政府作鸟兽散。1929年，时年55岁的夏仁虎弃官归隐，专事著书和讲学，担任了北京大学讲师和北京师范大学教授。抗日战争期间，他拒绝了日伪的拉拢，保持了民族气节。新中国成立后，他成为中央文史馆馆员。晚年的夏仁虎尽管双目失明，仍笔耕不辍，直至1963年在北京去世，享年90岁。夏仁虎和夫人张玉贞育有八子一女，其中第六子夏承楹的妻子，就是《城南旧事》一书的作者林海音。据邓云乡、王景山两位先生介绍，夏仁虎著作有《枝巢四述》《旧京琐记》《啸庵编年诗稿》《啸庵诗词稿》《啸庵文稿》《北京志》《碧山楼传奇》等40余种，其中与南京有关的就有《玄武湖志》《秦淮志》《金陵明遗民录》《金陵艺文志》《金陵艺文题跋》《金陵通典》和《岁华忆语》等多种。

《岁华忆语》始作于乙卯年（1915）除夕，起初他只写了新年琐事十余条，给自己的子女们看，目的是让他们了解故乡南京的风俗。到了己巳年（1929）春，业已隐居在家的作者根据自己的回忆，在原有基础上续写了五六十条，完成了这部作品。丁亥（1947）秋，作者将这部书稿寄给姻亲、南京通志馆馆长卢前（字冀野），被收入《南京文献》第13号，于1948年1月正式发表。

三

这两部作品对南京岁时民俗进行了全面、系统的介绍，特别是《金陵岁时记》，堪称是南京岁时民俗的开山之作。在这之前，关于南京的岁时民俗只是南京地方文献中的一个很不起眼的部分。在元朝张铉编纂的《至正金陵新志》第八卷《民俗志》中，记载南京民俗的内容只有寥寥千言，而与岁时民俗有关的内容几无一字！在明朝刘雨编纂的《正德江宁县志》第二卷《风俗志》中，专门描写南京岁时民俗的内容也只有一千字左右。在这之后，南京岁时民俗开始逐渐受到世人的重视。例如，在1918年南京花牌楼共和书局出版的徐寿卿编写的《金陵杂志》一书中，专门设有《时令俗例志》一节，以每个月为标题，按农历一月至十二月的时间顺序，以2000字左右的篇幅介绍了南京的岁时民俗，但没有使用"岁时民俗"这个名称。直到1935年，正中书局出版的王焕镳编纂的《首都志》第十三卷《礼俗志》中，才专门使用"岁时习俗"一词，并辟有"岁时习俗"一节，以5000多字的篇幅对于南京的岁时民俗进行了较为详细的描述。其中许多资料直接引自《金陵岁时记》（《岁华忆语》虽已完稿，但未出版，故该书未能引用）。

这两部作品写出了南京岁时民俗的特色和亮点，为我们了解南京民俗的历史源流和传承变化提供了重要的依据，对我们继承、弘扬优秀、健康的南京民俗文化具有重要的借鉴意义。例如，春联起源于五代西蜀国主孟昶（919—965）撰写的"新年纳余庆，嘉节号长春"（也有学者认为起源于唐代），但是真正将贴春联的习俗扩广到民间的是明代开国皇帝朱元璋，他的一道旨令使贴春联的习俗首先在南京普及，然后蔓延到全国。贴春联可谓是南京人的首创。元宵灯会这一古老的民俗至今仍是南京人岁时习俗的一项重要内容，并发展成为当今南京文化的"名片"之一。而正月十六爬城头这一起源于明清时期的民俗，在20世纪六七十年代的拆城运动中悄然消失，成为南京人心中的一个挥之不去的块垒。近年来，随着南京城墙的修复和申报世界文化遗产步伐的加快，不断有学者建议尽快恢复这一传统民俗。

这两部作品有许多共同点。例如，撰写顺序都是从元旦写到大年三十；都是以具体的岁时民俗而不是农历月份为标题；作者都是出生在南京，并曾在外地为官；开始写作时间都是20世纪初，成书时间都是在20世纪30年代；撰写内容基本上都是亲身经历的清朝末年至民国初年的南京岁时风俗。

这两部作品也有明显的不同点。《岁华忆语》很少引用文献，而《金陵岁时记》则是仿照宗懔《荆楚岁时记》的体例，引用的文献较多，但所引文献与原书多有出入，例如，孟元老《东京梦华录》记载："初八日，街巷中有僧尼三五人……诸大寺作佛会，并送七宝五味粥与门徒，谓之'腊八粥'。"《金陵岁时记》引述道："初八日，各寺作浴佛会，并制七宝五味粥与门徒，谓之'腊八粥'。"

因其意思相同，所以，为了保持本书的原貌，我们一仍其旧，未敢擅做改动，以免画蛇添足，贻笑大方。两书收录的条目数量、名称也不完全相同，《金陵岁时记》88条，《岁华忆语》71条，其中完全相同的条目只有灯市、龙市、走百病、登高、十月朝、消寒会、腊八粥7条，基本相同的也只有灯节（上灯节）、灯谜（春灯谜）、龙舟（龙船）、七夕（七夕乞巧）、斋孤（斋河孤）、中秋（中秋斗香）、重阳（重阳糕、重阳旗、重阳节犒店伙）、祀灶（祀灶有军三、民四、龟王之别）、嫁鼠女（嫁鼠娘）9条。两书大多数条目是不相同的。如，《金陵岁时记》中春联、门神、爆竹、放风筝、摸秋、十景菜等条目都是《岁华忆语》所没有的；同样，《岁华忆语》中的拜年、桂花鸭、啃秋、腌菜等条目也是《金陵岁时记》中所缺乏的。两书可谓是各有侧重，相互补充，具有异曲同工之妙。

鉴于这两部作品没有目录，查阅起来比较困难；同时，鉴于《金陵岁时记》没有标点，《岁华忆语》虽有句读，但不适合现代阅读习惯，因此，为了方便读者朋友们阅读和检索，我们将两部作品合并在一起出版，并且编制目录，加以点校。

岁时民俗随着时代的递迁而不断发展变化。它在演变过程中，烙上了深深的时代特征和地域印记，正因如此，这两部作品所展示的缤纷多姿的昔日南京岁时习俗，无论其存在与否，一样地具有迷人的魅力。

参考资料：

（清末民国）张通之著：《秦淮感逝·潘禹久》，收入《南京文献》第 23 号，南京文献委员会、南京通志馆 1948 年 11 月印行。

（民国）潘宗鼎：《金陵岁时记》，民国十八年凤台山馆刻印。

（民国）潘宗鼎著、卢海鸣点校：《金陵岁时记·岁华忆语》，南京出版社 2006 年 9 月版。

（民国）潘宗鼎著、詹天灵点校：《扫叶楼集》，南京出版社 2011 年 5 月版。

（民国）潘宗鼎：《先考健中公先妣江太夫人合传》，2015 年詹天灵先生提供。

卢海鸣

金陵歲時記

潘宗鼎先生 著

己巳初夏東培山民題

金陵岁时记

1929 年凤台山馆本《金陵岁时记》书影

祀竈

二十三俗謂之小除夕。是晚人家祀竈神。供紅棗湯。以飴和芝蔴曰竈糖。供料豆。云秣神馬。取竈神像梵之云送上天。祀竈。婦孺之祀也。是夕廚娘皆換新衣裙。士大夫弗與也。然是夕炮竹聲最繁。編戶人家。則謂竈神主一家禍福。是夕上天廷奏善惡。故媚竈之風大熾。

打抽豐

守坟人於年下擇松柏枝膌糉糕腐乾。詣坟主家曰打抽豐。人家給款。以小酒食。畀之以錢。以酬若坟之勞也。

年市

金陵年市。西自水西門。南自聚寶門。逶迤數里。集中於大功坊。皮貨之屬。自山四來。紙畫紅棗柿餅之屬自山東來。皆假肆於黑廊大功坊一帶。碧桃紅梅唐花之屬。集於花市街。橘柚梨檸鮮果之屬。集於水西門。雞豬魚鴨醃臘之屬。集於聚寶門。攜錢入市。各得所欲而歸。其鄉村之人。結伴而來捆載以去者。肩相摩也。

除夕

金陵人家。除夕最忙碌。祭祀之禮三。祀祖先。祀竈。祀天地也。張先世遺像曰懸影。分桌列饌。舉家叩拜。祭畢不撤。謂請祖宗在家過年也。撤饌不撤飯。飯上插青松枝。安紅棗。曰年飯。又供飴饠。製以麵。中寶以糖。三疊為具。上插紙花。男予授室者。必有獻。曰供果。裵橘柚唯所便。則凡案為滿焉。婦娘治庖。廚。令光潔。竈旁中以紅紙書曰。東廚司命之位。劳貼為竈同。加年飯與餖饤也。夜將午矣。曰辭年。堂上供紙馬。書箋謝天地。生火盆。燃炮竹。供則清茗及發

1948年《南京文献》版《岁华忆语》书影

总目录

南京文献精编

金陵岁时记

（民国）潘宗鼎 撰

点校 卢海鸣

南京出版传媒集团
南京出版社

目　录

江瀹靈存義諧

聲惟靈性辣惟靈

學成噫噫靈行

年六十不知老之

將至猶姝姝曖曖

奉一先生吾無似

亦幸獲篤學益彰

之名

靈靈大弟　像贊

友生吳鳴麒撰

8

题　词

沁园春·题姜灵《金陵岁时记》

江宁夏仁沂晦民

同是天涯，髯最多情，不忘故都。似桃花扇谱，兴亡有恨；竹枝词咏，记事如珠。抚景伤怀，临风结想，门巷乌衣记得无？家山破，有稗官野史，感慨唏吁！

南朝金粉模糊，要省识今吾非故吾。问饩羊在否，可余汉腊；沧桑何似，漫哭唐衢；霜鬓飘萧，岁华点缀，不数《豳风》旧画图。闲披卷，愿晚菘早韭，共话枌榆。

金菊对芙蓉·题姜灵同学《金陵岁时记》

江宁孙濬源太狷

红板长桥，乌衣小巷，南朝遗俗犹存。奈江山烽火，野哭声吞。中年难遣闲哀乐，更茫茫，旧梦无痕。秋宵歌管，春城草木，不似前番。

剩有朝士贞元，把承平盛事，仔细重论。比《哀江南赋》，一例消魂。汉家伏腊今谁问，最难忘，粉社鸡豚。不堪痛绝，剑南家祭，望断中原。

如此江山
新安石凌汉韬素

姜灵同砚辑《金陵岁时记》，视宗懔《荆楚岁时记》有详略之判，洵千年奇作也。欣谱此解，敬希正拍。

六朝龙虎留形地，人风物华天赋。粉黛江山，笙歌岁月，词客频传佳句。畸人纪事。独春韭秋菘，自探幽趣。布野瞻星，斗分金镇孰凭准。

潘郎挥笔孕秀，笑悬鸡帖燕，荆楚多误。白下莺花，红边凤律，都是囊中锦贮。沧桑几度。恐翠髻麻姑，已忘寒暑。写入新编，与豳诗共谱。

序

承平本无象也。岁时点缀，则承平有象矣。小言之，不过地方土俗；大言之，关乎国家气运盛衰。顾可忽乎哉！金陵龙蟠虎踞，历代都会之区，上与下习于华靡。岁时伏腊，春秋佳日，风流相尚，创为美举，递相沿袭，浸成风俗，数千百年未之或替。益以孙吴创业，人才萃于江东；东晋、六朝以还，居是邦者率衣冠右族；五季之际，中原鼎沸，江南差安；明祖定鼎，功臣甲第云连，典章制作，海内所宗，即其余事，亦足以鼓吹休明、润色鸿业猗欤！虽一邦之琐记，可以睹当时熙皞之风，非若宗懍记荆楚岁时，限于一隅，无关宏旨也。潘子姜灵，有心人哉！以姜灵名，是不忘江宁，故于金陵岁时，尤三致意而详记焉。盖深惧乎后之人变易高曾之规矩，舍旧谋新，不知里巷岁时之琐屑，亦几经承平之蕴酿，始流传而成为风俗者也。予弟啸庵，亦有《岁时忆语》之作①，匪云考异之邮，聊证参同之契。沧桑而后，获睹及此，其令人发思古之幽情而摅怀旧之蓄念乎？己巳仲夏，同里夏仁溥盎庵序。

----

① 啸庵：夏仁虎；《岁时忆语》，应为《岁华忆语》。

自　序

　　在昔帝京景物之略，荆楚岁时之记，摭拾旧闻，网罗轶事，识小识大，取斯道以为衡；从俗从宜，准诸礼而有则。凡以昭治乱兴衰之迹，存古今得失之林也。繄我金陵，艳称江左。龙蟠虎踞，山川标千古之奇；燕语莺啼，风月话六朝之旧。属夫时丁隆盛，俗竞繁华，饼说元辰，糕题嘉节，腊尾年头之会，露初星晚之场，或绸缪于古欢，亦追逐于时尚。秦淮赏夏，笙歌画舫之天；萧寺延秋，金碧楼台之界。东南佳丽，人物雍熙，四时但醉，太平百年，不见兵革，宜乎渡名长乐、湖号莫愁者矣！而乃风景不殊，山河顿异，名士堕新亭之泪，美人销旧院之魂。玉树歌残，雨花香散，竟应"白门"之谶，屡书元二之灾。长星之焰，吐红胡为劝酒；天水之痕，愁碧羌乃染衣。不食武昌鱼，流言若此；但听钟山鸟，辄唤奈何！生不逢辰，乱靡有届，不亦重可慨耶！即此一编，记于光绪之季，证以父老之谈，已觉见不逮闻，十未得一。洎乎民国，改用阳历，未免夏时既易，汉腊谁知，谈天则《月令》无征，观稼则《豳风》何验？嗟人事之代谢，叹天道之靡常，俯仰之间，已为陈迹。此则抚云烟过眼之录，阅尽沧桑；写大江东去之词，不忘乡土云尔。癸亥上元节江宁姜灵潘宗鼎序于赣南道廨。

春 联

元旦，千门万户更易春联。以朱砂染笺，佳者谓之万年红。其制自明初始。陈云瞻《簪云楼杂记》："明太祖都金陵，于除夕前忽传旨：'公卿庶士之家，必须加春联一副。'帝微行出观，以为笑乐。偶见一家独无，询知为腌豕苗者，未倩人耳。帝为大书曰：'双手劈开生死路，一刀割断是非根。'书讫，投笔而去。嗣帝复出，不见悬挂，因问故。云：'知是御书，高悬中堂，燃艾祝圣，为献岁之瑞。'帝大喜，赏银五十两，俾迁业焉。"周吉甫《金陵琐事》载："太祖赐驸马梅殷春联云：'人家尘俗不到处，阁下恩荣第一家。'赐中山王二联云：'始余起兵，于海上先崇捧日之心；逮兹定鼎，于江南遂作擎天之柱。'又云：'破虏平蛮，功贯古今人第一；出将入相，才兼文武世无双。'"按：《宋史·西蜀世家》："孟昶命学士为词，题桃符，以其不工，自命笔，题'新年纳余庆，嘉节号长春'二语。"盖其后易桃符为春联耳。金陵水西门大街孟子寿字馆，以代书春联为业，俗呼为"廊上字体"。明时街市必有廊，以避御驾，而贸易者麇集于廊。如黑廊、书铺廊、明瓦廊、珠宝廊之类，至今犹沿名称。孟家书法，每逢大比之年，文武乡榜，皆其一家手笔。黑大光方，速率而易成也。又按：江阴金湜生《陶庐续忆》咏春联有曰："人寿年丰鼓腹嬉，国恩家庆迓鸿禧。升平景象民安乐，艳说乾嘉极盛时。"注称："元旦贴'鸿禧'二字于屏，贴'国恩家庆，人寿年丰'于门，升平景象如在目前。"

门　神

　　《祭法》:"大夫三祀,门行族厉。"《月令广义》:"道家为门神,左曰门丞,右曰户尉,门神之名,为神荼、郁垒。"按:《梦华录》"用镇将军二人,甲胄装为门神"即此。金陵人家,大门之有门神者不多概见,惟后门贴锺馗,内室各门亦不一。其制:年老者用"推车进宝"、"四季平安",少年则"麒麟送子"、"五子夺盔"、"冠带传流"等图。单扉则贴一圆形和合,名曰"一团和气"。亦有摹财神、仙官形像者,义取吉祥而已。其制:以矾水浸纸,模印其上,施以五彩。水西门谢合泰作厂最工。其售自苏州者曰苏画,摹印戏剧人物,形神毕肖,儿童多争购之,谓之年画。

黄　钱

　　《月令广义》载:"以楮镌钱,封其扉扇,或挂街衢。"此殆遗制欤? 金陵人谓之黄钱,而色皆尚红,惟丧家用黄色。其纸式长方,镌天官、财神等像,横列四字,如"天官赐福"、"招财进宝"等类,亦吉羊义也。袁崧生《戢影锁记·新年竹枝词》有曰:"爆竹家家不断声,开门元日喜新晴。黄钱飘处融和转,已觉春风拂面生。"注称:"俗于岁首门上皆贴黄钱。"于此可见。

纸 马

取红纸，长约五尺，墨印财神、仙官或莲座等状。新年立春，供设厅堂，削木如牌坊形，高尺余，曰纸马架。纸马之中幅横列"答谢洪恩"四字。俗说答谢洪承畴之恩。谓满清入关，承畴参订制度，隐为保全汉族居多，其意指此。至中秋则刻月宫太阴星君，祀灶则刻东厨司命星君，纸皆尚白。若遇喜寿事，则刻喜神、寿星。按：《知新录》："古者祭祀用牲币，秦俗牲用马，淫祀浸繁，始用禹马。唐明皇渎于鬼神，王玙以楮为币，用纸马以祀鬼神，亦即禹马之遗意也。"

冥 钱

齐东昏侯好鬼神之术，剪纸为钱，以代束帛。至唐盛行其事。《唐（书）·王玙传》："汉以来，葬者皆有瘗钱，后世里俗稍以纸寓钱为鬼事。"吾乡旧有糊元宝作厂，取金银纸糊为元宝式，大者径尺，小者数寸，俗呼为大海、中海、三海。亦有形如锞锭者，以线贯之，曰小元宝。随纸马焚之。其以锡箔为之者名曰银锭；凿纸为钱形者名曰阡张。

神 疏

取香黄纸折叠成四方楞，而中空之，具疏词于内，盖即青词遗意。凡祀神忏醮等事用之。

爆　竹

宗懔《荆楚岁时记》："正月一日，鸡鸣而起，爆竹于庭，以除魑鬼。"其后以纸卷紧，实火药其中，又以药线导之，复结为鞭。其制以汉口镇所制者为佳，故曰汉镇财鞭。凡庆贺事悉用之，不独元日然矣。

贺　柬

新年以红帖互相投递，多从门罅入者，俗称飞帖子。失礼殊甚。其贺柬书曰："某某恭贺阖第新喜！"亦古宜春帖之遗意耳。

恭喜包

贺客以红纸裹铜钱十枚或八枚、六枚给主人之仆，曰恭喜包。自制钱易为铜元，而无此包矣。凡尊长赐卑幼贺钱，曰答贺。同光间多用红纸小票，自一百文至二百文止，专供新年答贺之用。自裕宁官钱局成立，禁用私票，而无此票矣。最可哂者，新年仆婢以叨取恭喜包为例，苟贺客囊中告罄，则过门不入，虑仆从之讥讪也。

欢喜团

糯米舂白，蒸孵后晒干，和饴糖，用竹阁漏二搓成圆形，俗名欢喜团。客至必设。幼时吾姊宗文告予曰："此物昉于刘备赘亲东吴时。"未知何考。惟谐译载《江南好词》："江南好，最好是新年。福寿酥并鸡骨断，欢喜团泡马蹄糕，油炸大元宵。""鸡骨断"，以饴糖裹白糖为之，俗名寸金糖。"马蹄糕"，俗名年糕，舂糯米成粉，和糖蒸熟者。

茶 泡

盐渍白芹芽，杂以松子仁、胡桃仁、荸荠、点茶，谓之茶泡。客至，则与欢喜团及果盒同献。果盒以山查糕镂成双喜字及福、寿字式最为精巧，余则随时物备之而已。按：袁嵩生《戢影锁记·新年竹枝词》咏恭喜包云："殷勤留客捧茶卮，恭喜人前强致词。七八青蚨红纸裹，最关心是客行时。"咏欢喜团云："贺年客至肃衣冠，茗瀹清泉荐果盘。更捧一瓯如雪白，为言欢喜又团圞。"咏茶泡云："芹芽风味重江城，点入茶汤色更清。一嚼余香生齿颊，配将佳果祝长生。"可为一粲。

饦 锣

吾乡新年祀祖，影堂上必供饦锣，以面炕成圆形，而空其中,实以红糖,削竹穿之,每垛凡四,名曰棹面。惟吾乡独有,愚意与小儿所耍之陀螺形式相类,俗称殆以此欤?

元宝蛋

茶煮鸡子,以当点心,名曰元宝蛋。客至,必争献数枚,俗谓进元宝。高淳县俗:主人出茶煮鸡子,俾贺客怀之而归。

灯 节

女子既嫁之初年,母家届灯节则遗以灯及元宵诸食品,名曰灯节盒。与送重阳之旗同为玩具,不知何所取义,可供笑柄。俗以正月八日、十三日、十五日为灯节。洪杨未乱之前,凡庵庙皆上灯。同光间,惟天青街之白衣庵最盛。评事街之江西会馆、门东之天喜长生祠、堂子巷之财帛司亦然。相传初八为阎罗诞,故汉西门之都城隍庙、府治前之郡城隍庙、仓顶之萧公庙香火不绝。从前亦有上灯之事,今则罕见矣。

龙 灯

洪杨乱后,上新河徽州木商灯会最盛,称徽州灯。四月初旬,赛都天会亦出斯灯。迨光绪中年,湘军灯会翘然特出。及丁未年,仅有水西门木商灯会一枝矣。其灯中有纸扎戏台,安置相生人物,设机运动,最称特色。

灯　市

府县学前、评事街，皆灯市也。洪杨未乱以前，盛称料丝灯，予不及见。惟明角之制有三星、八仙、聚宝盆、皮球、西瓜、草虫、金鱼之类，楼船则以碎玻璃条为之。他如绢制之灯、花鸟虫鱼，亦复惟妙惟肖。壁灯中有人物各种，惟走马灯最极灵巧。光绪间，财帛司供神以棉絮制成元宵形，又以纸为方糕、馒首，盛以纸盘，几欲乱真。

灯　谜

《曹娥碑》阴八字为谜语之祖。《西湖志余》："元宵前后，好事者为藏头诗句，任人商猜，曰猜灯。"同光间，此风犹盛，谓之春灯，亦谓之灯虎。吾乡周左麈、姚壁垣、郑季申、华金昆、孙云伯诸先生最精于此，同侪称为"五虎"云。

迎厕姑

正月望，迎厕姑人家闺秀以香楮往迎厕上，果闻粪窨中有声，知为神降之征。迎入内室，铺米于盘，两人对执小粪箕，立一箸于中，其箸自动，能从盘上画米如问事者。有吉兆，则书为字或画如意、双钱种种吉祥形式；凶则否。甥女余学文颇工其法。按：宋沈括《梦溪笔谈》："正月望夜迎厕姑，谓之紫姑。""景祐中，太常博士王纶家因迎紫姑，有神降其闺女，自称上帝后宫诸女，能文章，颇清丽，谓之《女仙集》，行于世。其书有数体，甚有笔力，然非世间篆隶，其名有藻笺篆、茁金篆十余名。"

走百病

正月十六日登城，谓之踏太平，亦云走百病。石城、三山、聚宝、通济四门之上，锣鼓爆竹之声相续。道旁有煮豆作红色，焙蜀黍成花，缀棘刺上以肖梅枝，或吹饴作榴实、柿子缀之，游人必售一枝而归。光绪癸巳，刘岘庄制军因城新修禁止。按："燕城以正月十六日妇女群游，相率过桥，名曰走百病"，以此。

杂 戏

县学文庙俗称夫子庙，四时游人毕集，正月尤盛。道旁陈列杂戏，有曰踹软索者。按：《荆楚岁时记》："正月十六日，两儿对牵长绠，飞摆不定，群儿乘其动时，轮跳以能过为胜。"此则以索之两端牢系木桩，中间以竹为叉，架定如桥，女子飞走索上，尤称绝技。或以女子仰卧于棹，两足高举，置长梯一，命小儿转侧其上，又取水缸置女子足上，如蹴球，然均无坠落之患。或有所谓变戏法者。周必大《省斋稿》载："报恩寺菩提叶灯最奇，有句云：'古寺看红叶，蕃街试幻人。'"变戏法即幻术也，其百鸟像声一法最为悦耳。

高跷会

妆演优俳面目，双足系以木杆，行走如飞，杂于龙灯会中，亦有售其术于贡院前者。按：《列子》"宋有兰子，以技干宋元君。召见，以双枝长倍其身，属踊并驰"，即此。

赌　博

赌博之具，固无足道，然亦关风气盛衰。纸牌曰叶子戏，其名最雅。昔李后主周后撰有《系蒙小叶子格》一卷、《偏金叶子格》一卷、《小叶子例》一卷，今已失传。自麻雀牌始于宁波海船，沿及各省，遂一变矣。掷状元筹自北京升官图出，又一变矣。掷骰者以骨为之，凡六面，备幺二三四五六之数。按：《十国世家》："徐温与刘信博，信祝曰：'苟无二心，当成浑花。'一掷，六子皆赤色。"而友人田北湖云："骰即太古算数之具，人第知石器时代，而不知骨器时代尤为最古。茹毛饮血之传，多取骨为器，即以血染为雉庐之属。"可知骨牌亦即古代计学之具之一端也。

附　说

古者骨器如牺尊、兕觥、象箸、牙床以及璚瑁，为饰无非取于骨角者。予昔游阜宁观音庙，其屋梁以海鱼骨为之，不足异也。

春　卷

春初早韭，周颙所称。吾乡新年食品中，取韭芽和猪肉与鸡肉丝炒之，卷以薄白面皮，曰包春卷。或用油炸，其味极佳。

绒制倭子

《魏书》董勋答帝问："正月一日为鸡，二日狗，三日猪，四日羊，五日牛，六日马，七日人。"古者七日，帖人于帐，重人也。晋代买克李夫人造华胜，考《典戒》云："像瑞图金胜之形。"谓取像西王母而戴之也。予幼时见有以括绒制为人形者，点黍为目，俗名倭子。新年小儿戴之，殆即彩胜遗意。

请春酒

新年邀集宾朋宴饮，谓之请春酒，以正月半前为盛。谚云："过了正月半，大家寻事干。"言有节也。洪杨乱后，民风尚朴，多用烧酒白花。光绪之季，踵事增华，宴饮必以绍酒及汾酒矣。

屠苏酒

大黄一钱，桔梗去节川椒去核各一钱五分，白术土炒桂心各一钱八分，乌头泡去皮脐六分，吴茱萸一钱二分，防风去芦一两。右药切片，用三角绛囊盛之，除夕悬井中，至元日寅时取出，置无灰酒内，煎四五沸，举家东向，自幼至长，次第饮之。药渣还投井中，岁饮此水，一世无病。方见《寿世传真》。今但有屠苏酒之名，盖屠者屠绝鬼气，苏者苏醒人魂，所以除瘟也。

土地会

乡村以二月二日赛土神会。《礼》：天子祭天地、山川、社稷，诸侯祭山川。则人民之祀土地，僭也。又俗以二月二日为龙抬头，始于《帝京景物略》。吾乡女子新嫁者率于是日归宁。谚云："二月二，家家接女儿。"途中香舆往来如织，随载朱漆提盒，以贮馈赠之品。

张王会

二月八日祀祠山大帝，夹冈门外有张王庙，前后三日必有风雨，遂有"张王老爷吃冻食，请客风送客雨"之谚。按：神名渤，前汉乌程横山人。《乾淳岁时记》："二月八日，张王生辰，霍山行宫，朝拜极盛。"又《游览志》："杭州旧有广惠庙，宋时建，以祀广德王者。"癸卯春，予游高淳，值祠山大会，乡人举邑之公正者为尸，面罩黑纱，被神冠服出游，仪仗咸备，惟享神特，禁猪肉。及阅《白下琐言》载"神尝役阴兵开凿河渎，有身化豕形之异"，今始释然。

观音篷

二月十九日，南城蟒蛇仓之石观音、北城鸡鸣寺之观音楼，香火极盛。沿街设茶篷以供香客。有烧拜香者，披发跣足，持小香几，一步一拜或三步一拜；亦有烧肉香者，以盘香钩挂臂膊，叉手而行。《南史》："沙门智泉铁钩挂体，以燃千灯，一日夜端坐不动。"肉香其遗意耶？六月十九、九月十九日均有是举。吾乡善男信女，于此三月茹素，曰观音斋。有以此为灯猜者，打《四书》一句："三月不知肉味。"

放风筝

按：《岁时百问》："凡万物生长，此时皆清净明洁，故称清明。"吾乡每岁届清明节，放风筝者麇集南城外之雨花台。山半有永宁泉茶社，佐茗之具，盛称梅豆。其法以黄豆和梅子拌糖煮之，最饶风味。亦有售善桥秋油干者，谓之茶干。风筝即纸鸢遗制，作于韩信而不称。萧梁时侯景之乱，羊侃教小儿作此戏，诏因西北风教之，冀达援军。详见《事物纪原》。今人巧制不一，有龙、鲢、蝶、蟹、蜈蚣、金鱼、蜻蜓、蝉、鹰、燕、七星、八角、花篮、美人、明月、灯笼、钟、板门、胡子老、双人诸名，翱翔空际，宛转如生，复加响弦其上，足以极视听之娱。

扫　墓

吾乡扫墓，多在清明。惟新葬者必于社日，谓之赶社。以紫纸长条镌连缀钱式，插于墓顶，名曰挑钱。

寒　食

馓子本寒食之品，见《古愚丛书》。吾乡不必寒食亦有之。又回回教有把斋之期，水西门五云斋茶食铺内，特制麻粢一品，为该教不举火之物。又有所谓油香者，可知凡油炸货，皆寒具也。

祭厉坛

清明、中元、十月朔，皆为城隍出巡之期，府县官咸诣神策门外白土山泰厉坛致祭。因昔郑成功之乱，金陵岌岌，赖崇明总兵梁化凤入援，先捣白土山，次攻仪凤、钟阜二门，三路夹攻，敌兵大溃，复烧海艘五百余，成功遂以余舰窜入海岛。是役也，梁化凤实居首功，而敌人死者无算。《白下琐言》载："二百年来，白土山泰厉坛侧，锄地者常见白骨。"并节录魏源《圣武记》第八卷《东南静海篇》中以备旧闻。

城隍神

《易·泰之上六》曰："城复于隍。"《礼记》："天子大蜡八。伊耆氏始为蜡。""水庸居七。水隍也，庸城也。"说者谓即古祭城隍之始。自两汉以后，庙祀见于志乘者，则有吴赤乌年号。而《北齐书·慕容俨传》载"俨守郢城，祷城隍神护佑"事。唐诸州长史、刺史，如张说、张九龄、杜牧辈，皆有祭文传于世。逮后唐清泰中，遂封以王爵。宋建隆后，其祀遍天下。明初，京都郡县为坛以祭，加封爵，府曰公，州曰侯，县曰伯。洪武三年，去封号；二十年，改建庙宇如公廨，设座判事如长史状。清仍其制，牧守县令朔望行谒庙之礼。见秦蕙田《城隍考》。

阴差王二麻子

府城隍庙门内，塑有阴差八像，神情互异。其左有面麻者，光绪初，忽传其像显灵，每晚入市啖馄饨，所偿之值化为纸灰。遂踪迹之，入庙惟见此像，共惊以为神，有祷必应。好事者别于西廊旁屋装塑坐像，曰王爷。府每值城隍出巡，畀以前驱。予谓神者，聪明正直而一。今其差役，妄作威福而不自知，岂有阴罚时而穷耶？实则僧人假土木之灵，以敛钱耳。

都城隍庙

金陵之有都城隍庙，沿明制也。汉西门正街至今如故。按：何孟春《余冬录》云："城隍之祀遍天下，各指一人为神之姓名。"自镇江、广德、宁国、太平、芜湖，城隍神皆为纪信。若府城隍庙，在府治前，相传神为宋文天祥。高淳、溧水两邑，惟奉一神，姓白，忘其名，生时为溧水令，而高淳为溧水所分之县，故城隍神犹沿前制。昔予客扬州，有程文学宗岱者，述其祖某为泰州城隍神。当洪杨乱时，其祖示梦于泰州居民曰："吾为此地新城隍，某日时太太、公子、小姐三人当过此，尔等迎之。"又示梦于伊母等言："新摄泰州城隍，已命民人迎接汝等。"及期，果见居民来迎，曰："神眷来矣！"导入庙，见堂宇一新。另备招待所，因各述感神示梦之事，不约而同语曰："生而为英，没而为灵，其信然欤！"

茅山会

《列仙传》：茅盈，字叔升。弟固，字季伟；次弟衷，字思和。生于汉景帝中元五年。弃家修道，教二弟延年不死之法。汉元寿二年，五帝君传大帝之命，拜盈为东岳上卿司命真君、太元真人。王母命上元夫人授茅固、茅衷《太霄隐书丹景道经》。《云笈七签》载，汉茅盈二弟固、衷在官，闻盈白日飞升，并弃官，以永光五年三月六日渡江求兄于东山中，后遂称为茅山。山在句容县，凡三峰，各有宫殿。吾乡每届是日，赛茅山会，乡人肩负神龛，鼓乐前导。茅山庙中道士为人祈福，燃灯多盏，如其人之齿数，中以某盏为本命灯，灭之则凶，往往有验。岁旱往祷辄应。苏诗曰"待向三茅乞灵雨"是也。若钟山之茅草坰，俗曰小茅山，山有香草，编为香篮，游者售归，俗称离乡草。

东岳会

东岳神相传为赵公明，能治鬼。吾乡通济门外双桥门之东岳庙，每年三月杪至四月初二赛会，陈列卤簿，皆帝者上仪，杂以玩具、秋千、台阁之属咸备。而城北十庙前之东岳庙，亦于三四月间举行，各极其胜。每会一枝，各有名称，如天保、天福之类，领其事者曰会首。凡会所在，乡人鲜衣丽服，随会往来，俗谓会衬。

都天会

门东大英府豆腐巷有都天庙，门西骁骑营上有善司庙，其神为唐张巡，青面紫须，狰狞可怖。光绪乙未夏，相传有神降于善司庙，遂重新都天赛会。先是，洪杨乱前，有小儿供一泥塑神像，忽有灵异，遂创善司庙焉。

大王会

金龙四大王者，龙神也。每岁乡人亦有赛会之举。予幼时犹及见之，今则与诸会同消灭矣。按：神姓谢，名绪，宋诸生，浙人，行四。谢太后戚畹，当元人入宫，闻太后之变，因大恸，题诗二律，赴水死。尸逆流而上，经旬不仆而如生，远近骇以为神，祔葬于祖茔金龙山之麓。元末，乡落皆梦神曰："黄河北流，明年当有吕梁之战，吾且提甲骑助之。"丙午二月，元兵寇江北，时傅有德守徐州，将步骑二千余，沂①舟吕梁，舍舟陆战，战阵中见金甲神刺副将韩于马下。此神预梦助战之验也。其后往来拥护漕河，猝呼辄应，惟神是恃。清顺治三年，敕封显佑通济王祀江南宿迁县，见《大清会典》；康熙元年，建庙于泰山。邵远平《戒山文存》云："神父司徒公仲武生四子纪、纲、统、绪，神居季，故称四大王。"

乌　饭

《本草纲目》："乌饭，乃仙家服食之法。"唐陆龟蒙《道室书事》有"乌饭新炊笔臞香，道家斋日以为常"之句。而释家乃于四月八日造以供佛。吾乡每届是日，沿途争卖，以当点心。

---

① 沂：应为泝，"溯"的异体字。

粽

粽，角黍也。取箬叶裹糯米为三角形，或杂以腊肉名火腿粽；或以红豆实之，端午之新品也。相传屈子溺汨罗江，其后授梦于一士人云："所投米饭，辄为蛟龙争食。若以箬叶裹饭，系以丝，则蛟龙不敢相争，庶免馁。"而此粽之制所由昉也。

五毒菜、雄黄豆

端午人家，取银鱼、虾米、荽菜、韭菜、黑干杂炒，名曰炒五毒。是日必啖苋菜，谓可免腹痛。又取蚕豆和雄黄炒之，曰雄黄豆。

破火眼

浸雄黄于水，曝诸日中，阖家洗目，曰破火眼。冀免目疾。

五毒牌

《客座赘语》载：明时，以彩帛、通草制五毒虫形状，蟠缀大艾叶上，题于门。今则以五色纸折之使方，刻书五毒虫形，贴之门楣、床檐，盖禳灾之义。

钟馗图

《杨升庵外集》《考工记·奎首》"终葵"注:齐人名终葵。《金石录》始以为晋宋人名,后又讹作钟馗。俗画神像执椎击鬼,又画除夕嫁妹图。文士作传,谓是终南进士。今据宋沈括《梦溪笔谈》:"禁中旧有吴道子画钟馗,其卷首有唐人题记,曰:明皇开元,讲武骊山,还宫不怿。疙作,巫医不效。忽梦二鬼,其小者衣绛犊鼻裈,一足跣,一足悬屦,揩一大筼纸扇,窃太真紫香囊及上玉笛,绕殿而奔;其大者戴帽,衣蓝裳,袒一臂,鞹双足。乃捉其小者,刳其目,然后擘而啖之。上问:'何人?'奏云:'臣钟馗氏,即武举不捷之士也,誓与陛下除孽。'梦觉顿瘳。乃召吴道子画之。熙宁五年,上令画工摹拓镌板,印赐两府辅臣各一本。是岁除夜,遣入内供奉官梁楷就东西府赐钟馗之象。"观此题相记,似始于开元时。而皇祐中,金陵上元县发一冢,有石志,乃宋征西将军宗悫母郑夫人墓。夫人,汉大司农郑众女也。悫有妹,名钟馗。后魏有季钟馗。隋将乔钟馗、杨钟馗。然则钟馗之名,从来远矣,非起于开元之时,开元之时始有此画耳。按:张说、孙逖有《谢赐钟馗之表》。近时钟馗图,俗以安徽灵壁①县所画为灵,与凤阳之凤、泰兴之貓齐名。予友孙少芸家藏有《钟馗倚石听泉图》,极称雅致。

---

① 灵壁:应为灵璧。

老虎被

五色绢布，饰为天师骑虎形，系小儿背后，曰老虎被。

五色线

结五色线成纹圈，为臂钏，古之长命缕也。

张天师图

张天师者，汉张道陵之裔。世居江西之龙虎山，历朝均加封号，入清朝给三品秩。吴麐伯师言，曾于江右与之同寓，了无奇异。俗所称掌心雷，亦未之闻，盖世守符箓之官耳。乡人于午节图塑天师之像，取以辟恶。观《岁时杂记》所载，由来已久。

龙　舟

龙舟竞渡，吊屈子之溺水，楚俗也。吾乡亦沿用之。秦淮河一带，观者蚁集。光绪初，水西门外某茶寮临河一轩，因人众倒塌，溺死无算。乙巳端午节，文德桥亦因人众崩圮，有溺死者，后乃禁止。

关帝会

《续通考》：汉寿亭侯关公庙，五月十三日遣太常寺官致祭。吾乡是日举行关帝会，而以信局中人为盛，盖本《三国演义》之说，尊其忠义也。镖局汇号及各会馆平时率奉神像于堂。按：神之祖考名字，详见《虞初新志》。

天地交泰

俗以五月十五日为天地交泰，特禁夫妇同房。按：陆游《老学庵笔记》："元祐七年，哲庙纳后，用五月十六日，道家以是日为天地合日，夫妇当异寝。当时太史谓君后犹天地也，特用此日。"又俗云：初五、十四、二十三为月忌日，凡事必避之。《唐荆川稗编》载野语曰："此三日即河图数之中五数耳。五为君象，故民庶不可用。"

分龙雨

俗以五月二十日为分龙节，二十五为回龙节。是数日，必有大雨。故吾乡谚曰："二十四五，小龙望母。"又曰："分龙不下回龙下。"按：江阴、乌程等县亦以五月二十日为大分龙。

灯 舫

洪杨乱前，南城外报恩寺宝塔，遥直县学前之泮池，独有倒影。泛舟竞观，有抢水之盛。船名走舱、籐绷、四不象、漆板，张羊角灯。客与妓方舟以游，罕有同舟者。迨光绪间，楼子船兴，有头号、二号之目，有门舱、中舱、后舱之别，度容数筵，长及五丈，窗界玻璃，灯设保险，裙屐杂坐，花围翠绕，自利涉桥，达东水关，排若艨艟。旧时但作避暑之游，今则豪奢之子，冬夜围炉，亦相率入灯舫矣。随以小舟，专治庖厨，曰伙食船。亦有小楼子者，游泳最便，颇助访胜之兴。

老郎会

六月十一日，为妓寮祀老郎神之期。或云神为管仲，盖女闾三百之所由昉也。是日灯烛辉煌，香花缭绕，入夜竞放灯火。妓者预招游客，置酒宴饮，丝肉杂进，极一时之盛。某甲素好狭斜游，家资磬尽[①]，穷无复之，以卖油炸度日。积有余钱，因觅漆板船一只，点拌硾[②]灯百个。拌硾灯者，以形似得名，为金陵之所独有。某甲既无力陈设羊灯，遂以此代之。船头制有灯联一对云："百个拌硾打不破秦淮夜月；一只漆板也来学荡子风流。"其风趣之妙，胸襟之雅，不可一世。次日贫如故，仍操旧业，朋辈有周之者，辄不受。

---

① 磬尽：应为"罄尽"。
② 伴硾：疑为"棒槌"。

立 夏

立夏,使小儿骑坐门槛,啖豌豆糕,谓之不住夏①。乡俗云:"住夏②者,以夏令炎热,人多不思饮食,故先以此厌之。"

夏 至

自夏至日起,时凡十五日,分三时,五日为一时;或以三日为头时,五日为二时,七日为三时。田家望雨最切。是日,人家必权量老幼身体之轻重,以验发育。岂以夏日衣服单简,则权量较准欤?

七夕乞巧

七夕前日,妇女取水一盂,曝烈日中,使水面起油皮,截蟋蟀草,如针泛之,勿令沉下,共观水影中如珠如伞如箭如笔等状,以验吉凶。相传南唐后主生辰,适当七夕,宫人以其时当祝嘏,故预先期而乞巧云。

①② 住夏:应为"疰夏"。

茄　饼

《老学庵笔记》载有"望日具素馔享先"。吾乡届中元节，人家祀先，取茄子切成丝，和面，用油煎之，曰茄饼。俗以此为祖先赴盂兰会之干粮，他省罕见。惟《陶庐续忆》咏云："茄饼家家设祭筵，盂兰盆会太喧阗。怪他一路金银纸，未结人缘结鬼缘。"

盂兰会、莲花落

盂兰盆者，天竺云倒悬救厄也，谓如解倒悬之苦。今人饰食味于盆，误矣！盖托始于目莲比邱[①]救母。吾乡是月，各街巷举行盂兰会，延僧道忏拜之外，独有所谓莲花闹者，即"落"字转音，方言也。所唱大半里谣类，如苏白而不及其雅。昔闻洪杨乱前，骂驾桥以八月十六日举行盂兰会，盖当时延僧道者，预有定期，以次递举，故该处独后云。光绪间，奉新许仙屏方伯振祎任宁藩时，曾撰盂兰会祭文一首，今仅记其一二。有云："新鬼大，故鬼小，元武湖都是青磷；一姓姚，二姓王，白鹭洲长埋碧血。"多引南朝事实，惜全文已佚矣。按段成式《酉阳杂俎》云："一姓姚，二姓王，三姓汪，值洪水时，食都树皮，饿死化为乌都、猪都。"其说本此。

---

① 比邱：比丘。俗称和尚。

斋河孤、荷花灯

《帝京景物略》有中元放河灯之说，而不详其制。金陵人家，延僧舟次诵经，翦五色纸为荷花灯，沿水放之，俗谓斋河孤。每年中元节，朱状元巷黄翼升宫保第内特设水陆道场，其纸扎地狱变相，狰狞可畏；法船、神马之具悉备，观者如堵。至十月朔，亦有斋冬孤者，然不若中元之盛。

地藏篷

安徽池州府青阳县东大九华山，地藏菩萨成道处也。佛灭度后一千五百年，地藏降迹新罗国。俗家姓金，名乔觉。唐高宗永徽四年，年二十四，祝发携白犬善听航海来此，端坐山头，凡七十五载。元宗开元十六年七月三十夜成道，在世九十有九。肃宗至德二年七月三十日，显圣金陵之清凉山，俗名曰小九华。按金伟军先生《金陵待征录》："清凉山，古无此山，近乃因寺名之，即石头山也。寺据山巅，殿之四面各塑佛像，异于他寺佛座之制。沿途设茶篷以饮香客，中奉地藏画相①，旁奉十殿阎罗画相②，高悬九连灯，累如贯珠。羊市桥之长兴茶篷，陈设尤精。清凉山麓有售毛栗并线穿山查果，如一串牟尼珠，游人争购而归。"

---

①② 画相：画像。

37

斗促织

贾似道有《促织经》一卷，大抵详其形状，辨其品第。吾乡秋日有斗蟋蟀者，谓之秋兴。马南江有《斗促织赋》。而周吉甫《金陵琐事》只云："斗之有场，盛之有器，掌之有人。必大小相配，两家方赌。旁猜者甚多。"捕蚤之术，编铁丝为罩，以妨手伤，饲以瓦盆，形扁而圆，上有盖，中置小食缸，斗时两人各出其一，以草挑之，谓之促织草。长约三寸，其稍有白毫，取以播弄，苏州制者为良。两虫相搏，胜负最巨，为赌博之别派。好事者著有《功虫录》、《秋兴必览》等书，备载养蚤、斗蚤之法焉。

中秋斗香、月饼

中秋祀月，陈列果实如菱、藕、栗、柿之属；扎香如宝塔式，上加纸斗，名曰斗香。月饼俗名团圆饼，祀月之余，阖家分啖，义取团聚，竞称中秋为团圆节。《荆楚岁时记》："端午为团圆节，又为女儿节，亦从俗从宜尔。"

摸 秋

金陵俗，中秋月夜，妇女有摸秋之戏。尝往茉莉园，以得瓜、豆为宜男。相传洪杨乱前，恒在长乐渡玄帝庙之铁老鸦杆，及钟山书院前之铁锚，而轻薄子往往涂以粪污，妇女暗中摸索，大受其窘，令人绝倒。

拗 节

端午、中秋之次日，吾乡均谓之拗节，方言也。殆谓拗转时日而流连光景耳。吾乡女子之出嫁者，率于拗节归宁。

登 高

九日登高，南则雨花台，北则北极阁，即明之钦天山也。山后花农多以种菊为业，紫艳黄英，垄亩相望，游人载菊而归。俗云山后看菊。

重阳糕

谚云："吃了重阳糕，夏衣就打包。"冷节已届，料理寒衣，风雨满城，正在重阳前后。谚又曰："重阳无雨望十三，十三无雨一冬干。"农家占岁，往往奇验。

重阳旗

重阳旗，以五色纸镂为花纹，中嵌令字，或插门楣，或为儿童玩具，竞称庆贺重阳。按：唐代李泌奏请以中和、上巳、重阳为三令节，诏令百官休沐。风俗相沿，由来久矣。吾乡女子新嫁，母家必遗以旗，而以时鲜佐之，谓之重阳节盒。

重阳犒店夥

持螯赏菊，文士雅集。吾乡重九之夕，铺家治酒剥蟹，以犒店夥，佐以咸鸭。自是夕酒后，工人始夜作矣，至清明而罢。亦铺家俗例也。

迎霜降

霜降之辰，军中振旅而出，鼓角呜呜，旌旗耀日，以彩亭置金"喜"字于中，迎于南城外，而至小营行军礼焉，谓之迎霜降。盖懔乎金天肃杀之义。每岁之秋，制军行大阅之典，简其军容，以时黜陟，名曰秋操。

十月朝

宋孟元老《梦华录》："十月朔，都城士庶，皆出城飨坟，禁中车马朝陵，如寒食节。"《程氏遗书》："十月一日拜坟，感霜露也。"吾乡清明、中元及十月朔，必奉城隍神出巡，鼓乐前导，仪仗咸备，龙舟、凤辇、羽盖、香舆、灯伞之属，络绎于道。首为当今皇帝万岁牌位之亭，次则财神，次则善报司，次则恶报司，至是为城隍神，最后为城隍神后。所可嗤者，愚夫、愚妇服赭衣、青衣，身被锁枷，随驾出游，谓之罪人。自以生前发愿列入罪犯，冀死后宥其冥罚，故尔为此。其解犯人之差，名曰小解，涂饰面目，状如演剧之丑，沿途戏弄，以博嬉笑。

月当头

冬月之望为月当头。秦淮一带，画舫酒楼灯火竟夕，与月光相映。游人率于文德桥头，以观水中桥影。

消寒会

日冬至画素梅一枝，为瓣八十有一，日染一瓣，尽而九九出，则春深矣，曰《九九消寒图》。见《帝京景物略》。吾乡当冬至节后，九人相约宴饮，自头九以至九九，各主东道一次，名曰消寒会。文人墨客饮酒之余，兼及韵事。吴麈伯师《消寒会集》有句云："有酒但谋金谷醉，无钱不顾铜山摧。"

腊八粥

《梦华录》："初八日，各寺作浴佛会，并制七宝五味粥与门徒，谓之'腊八粥'。"吾乡先期各寺僧众庄严仪式，沿门托钵，谓之化腊八米。是日煮粥，佐以果实。供佛之余，分饷檀越。平时僧众募化米粮，谓之化月米。或施以熟饭，谓之打盏饭。

冬至打灶不忌

金陵谚云："冬至打灶不忌。"按：《管子》有云："冬至之日始，数四十六日，冬尽春始，民钻燧墠灶，所以寿人也。"

偷大寒

有新丧者，值大寒下葬，不另择期，一切勿忌，俗云偷大寒。

打　春

谚云："腊鼓鸣，春草生，村人击细腰鼓以逐疫。"吾乡立春前后，有击腰鼓、小饧锣沿门唱里谣者，背负印文一纸，颁自阴阳学。俗云"南乡冯家边人惯说吉利话"即此。按：明时，教坊司每于岁首五日内，或四人或五六人，往富贵人家奏乐一套，谓之送春，又谓之节料，其后则罕见矣。

祀灶有军三、民四、龟五之别

明时，军家皆功臣之裔，声势赫然，与庶民异，故有"只许军家放火，不许百姓点灯"之谣。其祀灶以二十三夜，而庶民则以二十四夜。至龟五之说，明代有教坊司，著为令甲，岂祀灶亦有禁令欤？至今龟五之说传为笑柄。

灶　糖

灶糖，惟吾乡始有，其式如元宝。以芝麻和糖，焙焦之为金，以麦糖揉之为银，供祀灶神，祝家富也。

芒神曰傲马

迎春东郊，旧在通济门外鬼神坛后移神木庵。是日，郡守以下咸往，至府署而止。勾萌神曰傲马。俗谓隋炀帝后身，又指为包孝肃之子，殊近荒唐。按：芒神即值年太岁神。其曰傲马者，例如岁值壬癸，主水，涉水者应跣足，而神则加履；丙午主火，畏热应脱帽，而神则加冠，谓其与世人相拗耳。又《月令广义》："芒神身高三尺六寸。"按：一年三百六十日，芒神服色，以立春日支相克为衣色、为系腰色。亥子日，黄衣青系腰；寅卯日，白衣红系腰；巳午日，黑衣黄系腰；辰戌丑未日，青衣白系腰。手执鞭，用柳枝长二尺四寸。按：二十四气上用结子，以立春四孟用麻，四仲用苎，四季用丝，俱以五采染色。其身有老少之分，寅申巳亥年，老像；子午卯酉年，壮像；辰戌丑未，孩童像。其立分左右六支，阳年在右边立，阴年在左边立。又俗说"土牛之尾右搭者，是年多生女；左搭者，是年多生男"云。按：《月令》：出土牛示农耕之早晚。古制于国城南立土牛以示民。如立春在十二月望，则策牛者近前，示农早也；立春在正月望，则策牛者近后，示农晚也。今立春日，州县制一牛，取彩杖鞭而碎之，以讹传讹，而非古者之制。

十景菜

除夕人家，以酱姜瓜、胡萝卜、金针菜、木耳、冬笋、白芹、酱油干、百页、面筋十色，细切成丝，以油炒之，谓之十景。又有所谓安乐菜者，干马齿苋也；如意菜者，黄豆芽也。盖取义吉祥尔。

洪福齐天

守岁时，取红枣、福建莲子、荸荠、天生野菱煮食之，谓之洪福齐天。

嫁鼠娘

俗于除夕，取花果食物，置卧房门楣上，谓之嫁鼠。然则古之祭虎迎貓，亦有义矣。

压岁钱

除夕，尊长给卑幼贺钱，谓之压岁钱。有咏除夕诗云："夫妻同饮合欢酒，儿女平分压岁钱。"

天竺腊梅

金陵人家，岁朝清供，多插天竺腊梅于瓶，取天腊之义也。每岁花市至果子行街，多售此者，极一时之盛云。

饯　岁

除夕，全家尊长卑幼，列座畅饮，谓之饯岁酒。承平时代，以十二月二十四日为小除夕，陈设供亿，润色升平。《陶庐续忆》咏曰："饯岁杯盘列满庭，是谁别座酒初醒。漫云俗忌成家庆，合计三人共百龄。"注称："除夕合计一家年齿，如明年有三人合成百龄，宜使一人避之，否则三人中有一不利。"又称："八月八日赴八寺烧香，来生可得好八字。"俞曲园先生以为，此等零星琐事，可入《茶香室丛钞》，余故附记于此，以觇风俗之同异，而快生平之见闻尔。

南京文献精编

岁华忆语

（民国）夏仁虎 撰

点校 卢海鸣

南京出版传媒集团
南京出版社

目　录

自　叙

　　余家金陵，地当都会，为士大夫渊薮。风俗习尚，华而不侈。佳时令节，人家祭祀宴乐，及里巷间往来酬酢之礼，故多鄙俚，足资谐笑，然亦往往而近于古。盖先民敬爱亲乐之意，恒于是乎寄焉。语曰："百姓足而后知礼义。"太平无象，此其象欤！自留滞北方，行二十稔，金陵再遇劫灰，闾阎生计萧索极矣。重以历朔既更，跪拜礼废，人家子弟，有不知祖宗何德望、亲族何系属、戚友何行辈者。而社会之娱乐，家庭之欢谑，所有存焉者益希矣。乙卯除夕，索居寡欢，京华尘梦，忽焉已醒。荆楚岁时，是曰可纪。书视儿辈，使知故乡风物。小人怀土，无当大雅，弇鄙之讥，未遑顾也。枝巢自识。

元　旦

元旦，一岁之首。人家除夕，守岁不寝。至子初，行迎岁礼曰接年。接年须早，谓得气之先也。士大夫家男妇具章服，祀天地于中堂，炽炭于盆，供则香茗或发糕（以面和酵蒸之，取其发旺），长幼毕集，主祭者奠铭于檐下，焚纸马，燃爆竹，卑幼拜尊长，童仆拜主人，欢声满堂。虽齐民家，亦得具冠服无弗敬。

拜　年

拜年之礼，非第互相庆祝也。人家终岁勤劳，戚友或不得以时晤。新岁务闲，此往彼来，以资款洽慰劳，寓有合群之意焉。先生及尊长，必以元旦，至迟则不敬。其有两肩舆后置红毡，终日奔驰道上者，曰拜新亲年，则内兄弟介新婿诣内家戚党也。市肆佣保休业，往来亦莫不拜年。各易新衣履，怀挟名刺，或对揖于途，互道恭喜。市井拜年，其发端语，必曰"除夕一夜，元旦好天"，虽值大雨雪，弗易也。肆夥索欠，至天明与债家口角，甚至用武，元旦途遇，必互揖道"恭喜"，顷之龃龉，曾不芥蒂。

拜年必备

款拜年客厥物惟旨。曰茶盒，以小漆盒分格置糕点；曰茶泡，以白芹稍点盐，加松子、胡桃仁，沸汤苊之，极芳香；曰欢喜团，以炒米和饴团之。客有赍于儿童，曰答贺钱。钱肆岁末发一种之特别纸币，红色，印二小儿作对揖状，旁志曰"恭喜·.."，专为此用。有犒于僮仆，曰恭喜包，十钱八钱，包以红纸，界必二或四，双数取吉。乡先生诗所谓"入手莫嫌轻似叶，春风能买两眉梢"者是也。人家有新妇亲长来，必携红毡出拜，具茶盘，中置煨莲子，曰献茶。

新　春

立春之日曰新春。太守迎春于东郊，抟土为牛，置五色笔，先命瞽者涂牛身，藉以觇岁。备为牧童状，曰芒神；五色纸裹芦梗，曰五花棒。举礼时，太守以棒鞭牛，曰打春。礼毕，隶以余棒撒之，任人拾取。或作小牛，持送大户人家及市肆，曰送春。立春前，乡农入城，二三为群，敲小铜镫，沿门乞钱，曰打春；人家祀神，曰接春；家人拜尊长，曰拜春；团坐啖饼，曰咬春。

祀财神

财神之祀，非古廛肆间最重之祀，率以二日曰牙祭，义不知何取？然大典也。是祀也，主人盛服先至，洁具牲醴。肆夥各偃卧，以候主人与掌肆者议，某宜留，某宜去。既定矣，则命其徒将命往曰：请某请某。得请者，欣然来与祭，而一岁之生涯定。否则未明，打包行矣。

金微危日

士大夫家，亦祀财神，率检历书中金微危日行，谓最徼福利，亦不知何本。

人　日

新正十日，各有所主。七日曰人日。是日天朗气清，则人人大欢悦，谓一岁少灾病也。

灯　市

新年灯市，旧聚于评事街，迤北至笪桥市。近年则夫子庙为多。鱼龙曼衍，士女杂沓，游人稍倦，咸就得月台啜茗，面钟山而临淮水，风景殊佳。茗碗加青果，曰送元宝。食品之佳者曰梅豆，以梅子与豆同煮，染以红曲，加木樨及糖，色香均美。

上灯节

八日为上灯节，人家始悬春灯，祀祖先，拜尊长，曰拜灯节。夜供元宵，其制以米粉裹糖。有女新嫁者，是日购彩灯及元宵送其家，曰送灯。

龙　灯

金陵之龙灯，自上灯后，即游街市。分二组，一军营，一木商也。长或十余丈，多至百余节，盘拏飞舞，各有家法。司其首尾者，皆称健儿。中间搀以高跷跳狮，或蚌精及各种杂剧。灯所过市，人争燃爆竹以助兴。大人家或具元宵茶点，开门延之，曰接龙灯。爆竹愈多，舞者兴愈高，彩愈烈，或回旋院庭，或盘绕梁柱，复间以歌唱锣鼓，想见升平佳况。

打十番

打十番，俗名打锣鼓。大家子弟，新岁辍学，则集合奏演，以其贤于博弈也。节目甚繁，曰水漫闹台、滴滴金、八段锦、蜻蜓翅、蝴蝶须，名称无虑数百十。每组十人或七人，人司一器，以整齐为工。或亦于月夜携器游行秦淮旁，人行月中，音度水上，殊有清趣。间与他组遇，则立而互奏角胜。然雍客中礼，不至于争。厥后无赖子羼入，至于相殴，人家父兄，乃禁子弟，不得出游。

春灯谜

文人学士，暇时制为谜语，新年鲜事，则张条于衢，曰春灯候教。万头攒动，聚影一灯，忽然有悟，高声请问，则群耳倾注，或拍手狂噱，此游戏之近雅者。

敲　诗

赌之近雅者，莫过敲诗。任取古人诗一句，去一字，另配一字，并原来一字，杂书于旁，而幂原来之字于下，请人猜拟之。盖祖法贾阆仙。自后无赖者，以为博具，嘱寒士为之制字，曰作诗条；设场闹市，曰开诗室。学者之好博者，就为意钱，猜中则一可博三，风斯下矣。

春　酒

新岁人家，排日置酒食，召亲友曰请春酒。肴不必珍错，以新鲜相夸斗，必有蔬菜一器曰春蔬。南方气候温和，园甲早萌，蔬则钟山之白芹，其芽肥如抽玉簪；韭黄如蜡笋，大如指；雷菌如钮。野蔬则荠菜、马兰头、枸杞芽，皆先春而生，甘肥香美，非如北方之以火种也。三爵既沾，酒令始发，或拇战，或分筹，或飞花，或揭翠，宾主尽欢始散。《豳风》之诗曰"为此春酒，以介眉寿"；唐人之咏曰"家家扶得醉人归"。

盖和睦之媒、太平之象也。

十三日

是晚亦曰上灯节，其典礼与八日同。

元宵节

十五日元宵节，祭供与上元灯日同。或供春饼，大如碗，薄如纸，裹韭芽肉丝食之，风味致美。唐人说部谓"金陵士大夫家饼可映字"，所纪为不虚也。燃炮竹，打十番，樗蒲六博，往往竟夕。街市铺肆，竞悬彩灯；龙灯高跷，亦时出没于衢巷中。游人如蚁。昔人诗中所咏"谁家见月能安坐，何处开灯不看来"，景象如是。

走百病

十六日，居人相率由东南城之老虎头石观音山以登南城，曰走百病，谓能免疾，与登高之意同。城上马道，亦市玩物，以棘枝上安红豆及炒米花，游人购之而归。

落灯节

十八日为落灯节，晚祭祖先，供以汤面。俗谓"上灯元宵落灯面"也。祭毕,收遗像,曰落影。撤祭余果品,分与儿童。取饦锣与年糕并煮食。年事毕,儿童检书籍,妇女理针黹矣。

龙抬头

二月二日,俗谓之龙抬头,不知何本。殆龙蛇起蛰之义欤?人家率于是日接女归宁。故谚云"二月二日龙抬头,家家接女诉冤仇"。盖一岁妇工,以此时为最闲,可以展省叙情话也。

尽 九

自冬至至是月,九九寒尽。江南春早,阳和蛰动,故谚云"九九八十一,穷汉受罪毕。才得放脚眠,蚁虫虼蚤出",可以验江南天气。

文昌会

二月五日,相传为文昌神诞。金陵文化最盛,尤重科名,文人学子,先期纠约醵金治具,届日假园林佳处同修祀事,曰文昌会。中座供文昌像,看果纷陈,香花馥郁,群彦咸集,推已发甲科者主祭。一时衣冠跻跻,炮竹喧阗,甚盛会也。礼毕饮胙,往往列席十余,豪则酒兵拇战,揭翠飞花;雅则分咏拈题,敲诗射覆;甚或猜春灯、斗叶子、敲诗谜。

文讌之乐，无所不用其极。往年祀事，多在余家，以群从众多，骏奔自足。忆光绪初年，先伯司寇公方予告归，提命风雅，自主祭席。夜间朋辈欢饮极酣，某君醉后，龃龉几至用武。先司寇公闻之哂曰："此武昌会也。"自科举后，此举遂废。

看 花

自洪杨金陵乱后，园林花木，樵苏尽之。数十年来，元气未复。胡园既创，刘园继之，始有花时游览之乐。一岁之中，梅花最盛，应推梅冈下之刘园，不下四五百株。正月盛开，裙屐咸集，吟啸其下，为坐香雪海中。二月桃李花，在复城桥北，有园种树数千株。坐小舟往看，游人亦众。此外花事，为旧皇城联姓家之牡丹花，仅一株，广荫半亩，作花多时，至三四百头，盖数百年物也，近闻已毁于兵火。而铁汤池丁家继兴，主人盖雄于资，殊方购致，异种甚多，惜未得观。元武、莫愁两湖之荷花，亦极盛一时。《南史》已有屯兵后湖用荷叶裹饭饷卒之纪，近则两湖荷叶，且捆运渡江，引为利薮矣。菊花则种于鸡鸣埭后，俗谓之山后，即蔡氏之晚香山庄也。园丁蓺菊，以宿钵者最珍贵，盖宿根也。文人词客，每届花时，不惜骑驴远访，自选佳种，解杖头资购之。至于寒香上市，则虽菜佣酒保，亦必力购数花，位置瓶碗间，点缀六朝烟水气也。茉莉、珠兰，为秦淮两岸人家夏令一大销场。当夫炎日西匿，水阁帘开，两岸香风，熏人欲醉，皆此花氤氲之气。而茶叶肆以之窨著，所用亦不在少数。冬令唐花，不如北方之盛，然蜡梅本大过屋者，随地有之，折取插瓶，取资极便。天竺、山茶，视为珍品。此种花肆，多在花市大街一带。因录花事，特并纪之。

上 巳

上巳祓褉之习，废已久矣。人家率于是日诣雨花台永宁泉品茗为乐。泉水清冽，足祓烦渴。往往谈笑竟日，看夕阳而归。

清 明

清明上坟插柳，厥礼至重。俗谚至谓"清明不插柳，再生变黄狗"，恶夫忘亲不孝者也。是日除在家设祭外，男子多出城扫墓，其有新葬之家，则须于清明前数日诣之，俗谓"新坟不过社"也。祭具曰春山，竹制为提榼，分三层，中置肴浆，饭则挎之。另割生肉，曰刀头，以祭山神。祭扫毕，则倾榼，䞓以钱，犒守坟人。守坟人亦置熟鸡子数枚于榼，以为报。金陵人家重视守坟人，尊之曰坟亲家。守坟人亦呼坟主曰亲家，自居敌体。虽荐绅之门，渠辈来，往往高坐，主人以客礼待之。盖请代守亲墓，礼宜加敬。非若北方之视坟丁若奴也。

张王吃冻食

张王不知何神，故老相传谓是张士诚。士诚在江南大有德惠，民至今念之。三月十三日，俗谓之"张王老爷吃冻食"，必有大风雨。过此即无复冰冱，见免雹灾云。

浴 佛

四月八日浴佛节，寺庙皆作斋醮。浴佛之典，惟西城卧佛寺曾一举之，后亦遂辍。

出 会

赛会游行，四月为盛。乡间之会，有所谓茅山会者，特肩小亭阁，间以锣鼓而已。城中之会曰东岳会、城隍会。昔时商民富实，物力充牣，一会分若干起。有所谓某某老会者，旗幡灯伞，踵事增华。又饰人家俊秀小儿，扮各种戏装，肩之游行，名曰抬阁。迤逦恒至里许，游行数日而毕。所过人家，争设供、放炮竹，曰迎会。粉白黛绿，倾城往观。儿童罢读，妇女辍工。其意虽取诸驱疫，然耗费物力，甚无谓也。所可述者，足见民力之盛衰耳。

水 闸

秦淮水道，一曰秦淮，通江流，即由滨江之三汊口，达通济门入城之河流是；一曰青溪，即□山诸水灌入，今清溪渡、桃叶渡一带汇入淮流者是；一曰运渎，即由汉西门之铁窗棂入城，通于南北乾道桥者是。四五月中，山水盛时，河水往往西流。旧制各水关，皆有水闸，以资宣泄。初夏为慎防启闭之时。明初建都，填前湖为宫殿基，所谓"挑三山填燕雀"者是也。惟存后湖曰元武，湖水潜通淮流，旧有紫铜管以为输送。铜管如今之自来水管，但厚且巨耳。余少时犹见之，足征当时财力之巨。今则断管残铜，皆似沉沙折戟，故夏间雨集，时有水患。今金陵又建新都，冀有贤长官，修复闸管旧制，洁清淮流，亦地方之福也。

玫瑰酱

四月间人家妇女，采取鲜玫瑰花，细杵捣烂，和以梅子糖霜渍之，为玫瑰酱。夏秋间，沸水冲饮，色香味均绝。又有晒干为玫瑰糖霜者，用以醮角黍，风味亦佳，均可存至隔岁。此外食品，以莴苣盐渍晒干，卷若钱大，曰莴苣圆；笋并豆，以酱油略加糖，煮熟晒干曰笋豆；姜芽渍酱油生食之，曰漂芦姜，风味皆致美。

送　夏

人家有嫁女者，在五月前，必备纱葛之衣赠之，曰送夏。盖俗例夏令衣服，均不入新奁，必于夏首送之。媵以蕉叶、折扇、宫扇及食物，兼令新妇分贻姑嫂，犒婢媪焉。

端　阳

　　端午节人家，自五月一日，即用菖蒲叶，剪作剑形，并艾叶悬户上，张钟馗像于堂，云可辟邪。戚友家多以鲥鱼、角黍相馈遗。往往一鱼，辗转数处，仍送回本家，则已馁不堪食矣！足为发噱。五日，以野花为束，蘸水洗目曰洗火眼。洗毕，掷小鹅眼钱于盆中，倾向门外，曰抛火眼。酒中置雄黄，饮之曰可去毒。于小儿额用雄黄书"王"字，以象虎形，云易长成。以雄黄书小纸条，其词曰"五月五日天中节，一切蛇虫尽消灭"，于墙角倒帖之，谓避虫豸。午酒必有□馔，则萱花、木耳、银鱼等五种炒之，曰炒五毒。午餐既竟，则相率至秦淮水滨看龙舟矣。

桃虎、长命缕

　　闺中儿女采桃叶盈筐，叠折之，粘作虎形，饰以绣，极璀璨精致。又以五色线编作缕，曰长命缕，剪彩缝作天师，或小虎、黍角状，大裁如指，垂缕上，俾小儿系之。

龙　船

　　龙船向有数种：曰河帮，秦淮船户敛资为之；曰江帮，外江船户之入城者；曰木牌帮，上新河之木商所集者。午日，各帮咸集于夫子庙前之泮池，以其地河身最广，足资水嬉也。船饰彩亭，以小儿扮杂剧坐其间，助以锣鼓。梢头撑长竿，长年之好身手者，于上作种种游戏。河岸人家，掷银钱或放鹅鸭，俾没水争取以为乐。其并行竞渡争夺锦标，则与西人之赛船竞走同一勇气。是日，倾城往观，桥岸均满。富家率买舟观之，舟须预定，非临时可觅也。

河船沿革

秦淮画舫，自昔艳称。洪杨后，地方长官欲提倡风雅，恢复繁盛，取外江陈旧之红船，改造焉，名曰走舱，以舱大可走也。上为布篷以蔽日，晚则去篷，悬明角灯，曰抬篷。此为灯船之俑。厥后踵事增华，始作楼船，前容仆从，中延宾客设筵席，后为密室。湘帘棐几，布置精雅，到者疑坐水榭中。旧日之走舱，以无楼不足招客，则于船上置一小楼，曰四不像。又有较小之秦淮旧船，亦效颦焉，名之曰气不愤。今则此楼船，概名之曰小边港，以船边可行，舟人不须跨舱过也。最小者曰七板，闻昔有某名士于灯船盛时，独雇一七板，船上悬纸灯，俗所称"半锤①灯笼者百余张"，灯联云："百个半锤②打不醒痴人幻梦；一只（宁人读平声）七板也来学浪子风流。"傲坐其间，观者若堵，亦趣闻也。七板，近亦置小楼，船小而灵，足资游赏。秦淮三月水涨，游船渐集，五六月而盛，秋后渐萧索矣。

---

①② 半锤：疑为"棒槌"。

磨刀雨

五月十三，金陵谓是关帝磨刀日，是日辄有大风雨，曰关圣磨刀雨。

河　房

秦淮两岸人家，概呼之曰河房，亦曰河厅。凭波俯影，间以垂杨，盛暑则轩楹悉去，遍挂湘帘。每值阳乌西匿，皓兔东升，两岸珠帘，一时尽卷。水槛风栏，罗列蕙兰、茉莉、鱼子兰诸花。闺人浴罢，纨扇生绡，闲眺游艇，谓之神仙中人可也。

凭　水

人家礼重师保，虽市侩屠沽，所延童子师，值盛暑时，亦必买舟延师，并携学生往游，名之曰请先生凭水。画船箫鼓中，时见有腐儒与伧俉杂坐，诸童子嬉于旁者，皆此类也。

月亮头

六月三日以后，俗谓之月亮头，竞以游船为乐。船户亦于此时故昂其值，贫者亦必于月上后，徘徊桥头岸上，饱听笙歌，夜分乃归。故岸傍夜市，张小纸灯、卖菱藕者亦极盛。

游　船

暑月游船，为金陵岁时行乐中一大集会，其名盖为趁凉来也。实则东船西舫，密不通风，酒筵既张，莺燕纷集，如坐肉屏风，烦热益不可耐。惟于月上时，呼七板小舟，携素心人泛至复成桥北，于高柳下回船对月，时有佳友挐舟踵至，呼茗清谈，庄谐间作。月光缕缕，从柳荫中映射人面。三更既下，缓缓归来。击汰定明，此唱彼和，则真天上之清都耳。

七　夕

七月六日，恒有雨，俗谓之洗车。七日亦恒有雨，谓之天孙别泪。七夕，小儿女供牛女，往往镂瓜茄为灯，或状花鸟，或镌诗句，极生动之致。置碗水露庭中竟夕，明日投针，恒浮水面。就日影中，视其影作何状以卜巧。

斋　孤

自七月七日后，坊中多延僧作佛事，谓之斋孤，至中元始已。大坊小衖，连台讽诵，榜黄纸文市头，曰荐度孤魂。僧众弗给，则招游方者充数。俗语谓"七月和尚，烧火者亦上台"也。亦有高搭灯棚，清音坐唱者。大率人家无赖子弟，以不受值，故曰走白局。莲灯灿烂，妇孺喧阗，往往达旦。此非美俗，后来已为官厅禁止，诚是也。

中　元

中元亦祭祖之期，家家设供。有焚法船或纸鞋伞者，谓先魂当出游也。游人恒集清凉山驻马坡一带，购夜来香以归。当时物贱，夜来香数十朵，以铜丝串成柄，可供妇人插柄者，只索青钱二三枚耳。

河　灯

以纸糊灯作莲花状，荷叶托之，中燃小烛，顺河流放之，曰河灯，云以照渡溺魂。夜间推河窗观之，数星明灭，忽聚忽散，殊有幽趣。放此者，率为僧尼，或善男信女，羼聚一小舟，法鼓喧阗，群讽佛号，甚不足观。

中　秋

中秋夜宜有月。俗谓"云遮中秋月，雨打上元灯"，皆为不吉。是夜，家人团坐聚饮，曰圆月；出游街市，曰走月。

祀　月

祀月用纸，上印绘月宫状，曰月宫纸。以小香若干柱扎成玲珑楼阁状，或剪彩作月宫状黏之，其最上一柱，戴以纸糊之斗，曰斗香。面和糖果为馅，大如盘，曰月饼。

啃 秋

预藏西瓜，于立秋日食之，曰啃秋。

重 阳

重阳宜雨。俗谚谓"重阳无雨盼十三,十三无雨一冬干"，占亦屡验。盖冬麦无雨，不能下种，即春荒矣。是日人家，以糕饵供祖，上插小彩旗，曰重阳糕。儿童雕镂五色纸作三角形，累贴成大旗，曰重阳旗。

登 高

金陵人九日登高，北则鸡鸣山北极阁，南则雨花台，要以登雨花者为最多。携佳茗，瀹雨花泉水品之。新栗上市，茶肆和木樨煮熟，风味殊佳。兴尽，每购雨花石子归，备冬日养水仙也。金陵人食蟹，谓"九月团脐十月尖"，谓至时始肥美也。以捕自圩田者为佳，因食稻故。巨者两尖团重一斤，又曰对蟹，为他处所无。

桂花鸭

金陵人喜食鸭，此已见于《南史》，由来久矣。鸭蓄之水塘，听自谋食，故胜于北方填鸭之痴肥。桂花开后，丰腴适口，故谓桂花鸭。当时物力贱，鸭四块曰一买，只青蚨十二枚耳。

十月朝

十月一日曰十月朝，是日人家皆祭祖先，焚楮箔，亦有上坟祭扫者。

腌 菜

腌菜之风，传自周官醢人。金陵人家，犹重视之，例于小雪前，视家人之多寡，购菜若干担，洗净晾使微干，然后于大缸中平腌之。三数日后，一一取出，加姜末与石萝子于菜把中，挽使成结曰打把。泥封之，一月后始可取食，脆美绝伦。唐人小说谓金陵士大夫家嚼醢菜，响动十里人，然则由来久矣。菜有名"箭捍白"者尤美，或即秋末晚菘欤？作腌菜，自缙绅至编户，皆主妇主之，风尤近古。

冬 至

冬至人家，均祀祖先。家人聚饮，鲢鱼向不喜食，是日必以入馔。断葱为寸，与豆腐同煎之，取"从容"与"富余"意也。升炉火祀天地曰接冬，间有放炮竹者。

入 九

自冬至后曰入九。金陵谚云："一九如九，做活添一绺（指女红）；二九一十八，河里冻死鸭；三九四九，迎风插柳；五九四十五，穷汉街前舞；六九五十四，蔷薇发嫩茨；七九六十三，行人把衣担；八九七十二，行人拿纸扇（乡音叫二）；九九八十一，穷汉受罪毕；才得伸脚眠，蚊虫虼蚤出。"可验江南节气。

消寒图

儿时见先大夫于冬至日，绘梅花一幅，花凡九[①]十一瓣，每日以朱涂一瓣，九画而毕以纪历，谓之"九九消寒图"。事殊雅趣。后阅清人笔记，高宗于冬至日，飞白书"亭前垂柳珍重待春风"九字，字皆九画，亦日以朱涂一画，九画而毕。昔日帝王风流，亦殊不减。

---

① 九：应为八。

消寒会

金陵文人，率有消寒会。会凡九人，九日一集，迭为宾主。馔无珍馐，但取家常，而各斗新奇，不为同样。岁晚务闲，把酒论文，分题赌韵，盖谯集之近雅者。

冬　蔬

冬日蔬菜，出于天然，非北方所谓洞子货也。如瓢儿菜，与冬笋同煮，厥味至美。钟山白芹，尤为特产，至冬始生，白若截玉，移地种之弗良也。韭芽黄，如融蜡，以阔叶者为良。至于野蔬，常年弗绝，入冬较肥腴耳。

腊八粥

腊月之初，寺庙僧众游行街肆及大家宅第，曰化粥米，辄担载而归。至八日熬粥，加果栗分送人家，曰送腊八粥。

扫　尘

扫尘亦曰担①尘，率于腊月择历书中宜扫除之日行之。妇女率仆媪以巾裹头，长竿缚帚，自仰尘迄堂坳，无弗洁清。

---

① 担：应为掸。

窗棂易糊新纸，盖年事近矣。臧获劳苦则犒以酒肉。

书院停课

书院之制，作育人材，最为美政。金陵文化之盛，盖由书院多也。钟山、尊经两院试文艺，惜阴试经古词章，文正兼试文艺、古学，凤池、奎光试童子。又率为官师两课。敏捷者入辄兼数卷，故士子终月光阴，大半消磨于文战。试高等者优给膏奖，官师隆以礼，青年俊秀，尤各争自濯磨。每值岁杪停课，寒士争赴礼科领取膏奖，足为卒岁之资。余家仍世清寒，虽先辈科名弗绝，官至卿贰，顾乃楹书而外，遗留曾无长物，所以继承家学，不堕门风者，大率仰给于书院。忆余为秀才时，与诸兄弟努力考试，每岁杪积聚冬季书院膏火卷票，人得数十金。当时银贵物贱，所以备甘旨，添衣袽，以及新岁之瓶花灯炮，一一咸备，犹有余资，与朋辈备酒食、斗叶子以消遣，新年同为娱乐。呜乎，彼何时哉！

放年学

儿童罢读曰放年学，大致在腊月廿前后。盖官厅亦于是时封印也。人家专馆及街坊私塾，有献于先生曰束脩；其好礼尊师者，必私有所遗曰年敬。儿童清晨谒圣，欢跃而归。塾师亦检点脩脯，收拾笔砚，回家度岁矣。

娶新妇

岁事向暮,婚嫁最繁。鼓乐彩舆,交错于道。或颓龄暮景,愿了向平;或期及标梅,不容更缓;中下人家,率□岁底举行,无意中又为年光增色矣。此时傧相、乐工、舆台、庖子,最为忙碌,亦各利市三倍。谚曰:"有钱无钱,娶个新妇过年。"

祀　灶

二十三俗谓之小除夕。是晚,人家祀灶神,供红枣汤,以饴和芝麻,曰灶糖;供料豆,云秣神马;取灶神像焚之,云送上天。祀灶,妇媪之祀也。是夕,厨娘皆换新衣裙,主妇主其祀,士大夫弗与也。然是夕炮竹声最繁。编户人家,则谓灶神主一家祸福,是夕上天廷奏善恶,故媚灶之风大炽。

打抽丰

守坟人于年下携松柏枝,媵糍糕、腐干,诣坟主家,曰打抽丰。人家率款以小酒食,畀之以钱,以酬看坟之劳也。

年　市

金陵年市,西自水西门,南自聚宝门,迤逦数里,集中于大功坊。皮货之属,自山西来;纸画、红枣、柿饼之属,自山东来；皆假肆于黑廊、大功坊一带。碧桃、红梅、唐花之属，集于花市街。橘、柚、梨、柿、鲜果之属，集于水西门。鸡、猪、鱼、鸭、腌腊之属，集于聚宝门。携钱入市，各得所欲而归。其乡村之人，结伴而来捆载以去者，肩相摩也。

除　夕

金陵人家，除夕最忙碌。祭祀之礼三：祀祖先，祀灶，祀天地也。张先世遗像曰悬影，分桌列馔，举家叩拜。祭毕不送，谓"请祖宗在家过年"也。撤馔不撤饭，饭上插青松枝，安红枣，曰年饭。又供饦饠，制以面，中实以糖，如小鼓状，三叠为具，上插纸花。男子授室者，妇必有献，曰供果，枣、橘、柚唯所便。房族众者，则几案为满焉。曰接灶，迓灶神也，厨娘治庖厨，令光洁，灶盦①中以红纸书曰"东厨司命之位"，旁贴小春联。供品则与送灶同，加年饭与饦饠也。夜将午矣，曰辞年，堂上供纸马，书"答谢天地"。生火盆，燃炮竹，供则清茗及发糕、年糕之属。家人集而拜跪，谓一岁平安，谢神佑也。三祀毕，则诣尊长前行辞年礼。妇有献于尊长曰茶，率时果或糖饴。尊长有赐予儿童，曰压岁钱。或银饼，裹以红纸；或青蚨，贯以红绳。一门之中，各房族往来答拜，笑声恒达户外。门前贴彩符曰红钱，以红纸雕镂为之。床前亦悬红钱，帐之中端，悬小松柏枝，缀以色染之长生果

---

① 灶盦：疑为"灶龛"。

及银杏，两端悬葱，红纸缚之。儿童戴绒制小人曰倭子，谓能避疫，殆□胜[1]之变相耳。家人彻夜不眠，曰守岁。团聚樗蒲，或打锣鼓，然花炮。是夕也，炮竹声如汤沸鼎中，杂以锣声、骰子声、数钱声，盖千门万户皆春声矣。

祭　井

三祀之外，有祭井。大人家宅，率自有井。除夕佣人汲满罂瓮，足敷元日之用，则请于主而祀之。祀毕，以二红纸条十字交粘井栏，曰封井。元日夕再祀而启之，曰开井。

拜紫姑

妇女有所祀，曰拜紫姑。每墙阴，或厕侧。又缚纸花于帚，曰嫁紫姑。

拜床公

小儿女有所祀，曰拜床公床母。于床头供小儿拜之，祝令能安眠。

---

[1]　□胜：应为"厌胜"。

嫁鼠女

撒米团、纸花于床顶、壁角、门，曰嫁鼠女。

聚　财

除夕人家，长夜无事，则小食以消遣。长生果、瓜子、枣、栗之皮，及碎红纸散满地上，仆妇汛除，但扫置屋角，不令取去，曰聚财。

照耗神

人家房屋多，必遍置灯，令光照，曰照耗神。

夜　市

市井间亦最忙碌，铺户彻夜不闭，灯光荧煌，通衢如白昼。盖新年例停市，人家需用物，必于是夜夙备之。最忙者，为质肆、杂货、食物肆，及浴堂、理发铺。其持灯奔走往来道途者，则铺肆之索欠人。天既明矣，索欠人犹必持灯，苟无灯，则债家谓"除夕既明，明岁再议可耳"。

跋

　　右《岁华忆语》一卷，作于乙卯岁除。初但书新岁琐事十余则，以视儿辈，使知故乡风俗而已。弃置簏衍，久且遗忘。今年春，偶检敝簏得之。心闲务简，冥想旧迹，日写数条，久遂成帙，意欲存之。乡先生某见而曰："时政方维新，君何为觊缕述旧事，是亦不可以已乎？"则应之曰："兹固游戏之作，然唐宋之说部，此例匪鲜。旧人见之，如温旧梦；新人见之，如披古籍。见仁见智，各存其入可也。至于甄录琐细，引述迷罔，吾知过矣。然从宜从俗，风土所留，神话流传，达者不免。试举欧美新邦证之，谓其无宜忌、无迷信，吾不信也。抑不佞犹有进者：董民始于起敬，祀天其发轫也；治国重在合群，则敬祖睦姻其初基也；作士贵在知耻，培材养志其要务也。兹编虽细，于此盖三致意焉。若夫夸陈风物，网罗甘旨，竹鼬①花猪，昔贤所述，固亦有之。老饕之诮，又复何怪？"乡先生忻然而笑曰："子言诚辨，盍付乎民？"则应曰："唯。"

己巳孟春蔚如书跋

---

① 竹鼬：疑为"竹鼫"。

此编为民国二四年间作，特一小品文字耳。然于金陵旧日之风俗习尚，略可见焉。于尘篋中检出，冀野姻兄，方整理家乡文献，因以寄之。

枝叟注于丁亥秋中，距写此编时越三十四年矣。